Lyrik-Lesung 5

Lyrik-Lesung 5

Dichterstuben
Eine Auswahl

von Helmut Barthel

im Kulturcafé Komm du
am 12. Februar 2014

Helmut Barthel, »Lyrik-Lesung 5«
© Helmut Barthel
Alle Rechte vorbehalten

Rechte für diese Ausgabe:
MA-Verlag, Stelle-Wittenwurth
ma-verlag@gmx.de
2. Auflage 2016

Satz, Layout und Umschlaggestaltung:
MA-Verlag
Bildnachweis: © MA-Verlag

ISBN 978-3-925718-33-5

Da blitzt es ohne Zündung,
da bebt es ohne Schlag,
der Menschenmund als Mündung
schafft Aussaat und Ertrag.

(zum 12. Februar 2014)

Inhalt

Wunschgedichte

Das blaue Band

Wer es sieht,
erkennt es nicht,
und es zieht
durch jedes Licht
seine himmelblaue Spur,
ohne jemals mehr zu sein
als die Dauerkorrektur
uns'rer Wirklichkeit zum Schein.

(18. Juni 1999)

Eulenschrei

Die Stille macht
ein Eulenschrei
in dieser Nacht
erst richtig frei.

(5. Dezember 2003)

Horst

Eine Burg auf ihrem Hügel
gleicht doch nicht dem Adlerhorst,
denn ein Adler, der hat Flügel,
eine Burg nur Feld und Forst.

(25. Juli 2000)

Das Blut der Bäume

Ob die Bäume bluten können
oder Pflanzen überhaupt,
ob sie sich Gefühle gönnen,
hängt nicht davon ab, wer's glaubt.

(23. Februar 2000)

Der Maulwurf

Mit Erdklumpen raufend,
am Wurzelwerk schabend,
erreicht er doch schnaufend
den kühlenden Abend.

(16. Juli 1999)

Die ewigen Windungen der Rose

Die Falten sind's,
die was versprechen.
Der Faden ist's,
der das Versprechen hält.

(12. Oktober 1995)

Asphalt

Zwischen Industrie'n und Kesseln
werd' ich ganz gewiß nicht alt,
weil sie Furcht mit Sorgen fesseln,
Freiheit schimmert wie Asphalt.

(25. September 2004)

Ofenrohr

Im Zimmer steht ein Ofenrohr,
das Knie bricht durch die Wand;
es lauscht mit seinem großen Ohr,
auf's äußerste gespannt.

(27. September 1996)

Weiße Tauben

Weiße Tauben für den Frieden,
aber für den Kochtopf auch,
um sie für das Mahl zu sieden
und als Füllstoff für den Bauch.

(16. Oktober 2001)

Menschendenke

In der Ordnung der Komplexe,
der Verhältnisse des Seins,
der entuferten Reflexe
und des spiegelgleichen Scheins
gibt es sicher eine Steigung
und die stellt den Fortschritt dar;
jede essentielle Neigung
wandelt sie von trüb zu klar.
Doch gestützt von überall
findet sich dann auch die Senke
für Verwesung und Verfall
abgrundtief als Menschendenke.

(29. Oktober 2007)

Fette Wurst

Ich will 'ne fette Wurst verschlingen
und werde böse, böse sehr,
und sollte es mir nicht gelingen,
dann komm' ich später und will mehr.

(16. Februar 2008)

Die Erbse

Die Erbse ist mir
vom Teller gerollt,
heran bis zu dir,
ich hab's nicht gewollt.

Auch nicht, daß du
sie dann sofort
mit deinem Schuh
plattdrückst am Ort

und allen sagst,
es will dir scheinen,
was du beklagst
zwischen den Beinen,

suchte ich das,
was ich nicht sollte,
ich wüßte, was,
weil ich es wollte.

Ein solcher Verdacht
hat mich dann belehrt,
und mein Auge lacht,
die Erbse war 's wert.

(12. März 2004)

Bon surreal

Die Sehnsucht zur Ferne,
der Traum von daheim
erfüllt die Zisterne
mit wäss'rigem Schleim.

Vergorenes Sinnen
und bitteres Tun,
das Haus voller Spinnen
und kein Platz zum Ruh'n.

Dort will ich mich treffen,
dort find' ich mich ein,
bei Brüdern und Neffen
und Freunden zum Schein.

Hier will ich mich laben
aus schmutzigen Pfützen
mit Würmern und Schaben
und schimm'ligen Grützen.

Und endlich zu Hause
am heimlichen Ort,
da mach' ich die Sause
und zieh' weiter fort.

(15. März 2000)

Ein Unfall

Ein Pfiff,
ein Schrei,
dann Stille,
der Griff
vorbei
zur Brille.

Nichts geht,
er schwitzt
und fummelt,
zu spät,
es blitzt
und grummelt.

Ein Knall
danach
schlägt nieder,
vom Prall
trifft Krach
sich wieder.

Es fällt
der Rest
in Placken,
nichts hält,
nichts läßt
sich packen.

Ein Knick
zuletzt
am Knochen,
der Blick,
entsetzt,
gebrochen.

Da denkt
der Schopf
am Ende,
es lenkt
der Kopf
die Hände.

Doch halt,
da ist
die Frage
und alt
die List
und Klage.

Wer braut
die Pest
tiefsauer
und baut
so fest
die Mauer?

(11. Juni 2004)

Falsifikation

Ein Säugling schwimmt im weiten Meer,
er zählt wohl ein paar Stunden.
Ein Baby hier, wo kommt es her?
Wann wurde es entbunden?

Kein Schiff, kein Fluzeug weit und breit
und jeder menschliche Verkehr
liegt viele Wochen fern der Zeit,
auch tobt das Element zu sehr,
als daß das Kind hier schwimmen sollte,
wie wenn es selbstverständlich sei,
sich in den Wellen wiegen wollte
gleich in dem Nest das Kuckucksei.

Das weite Meer, es schäumt und bricht,
es wirft und stampft und dröhnt und türmt
die Gischt versprüht und keine Sicht,
ein jeder fühlte, wie es stürmt.

Wo, sag' nur, war das Baby gleich
in diesem Mahlstrom der Natur,
so deutlich lebend, hilflos weich,
war es doch eine Täuschung nur?

Kann denn bei diesen Mordsgewalten
irgendein Säugetier vom Land
so lang sich auf dem Meere halten,
daß man es auch erblickt am Rand?

Allein, daß ich mir sowas denke,
zeigt etwas von dem Zügelwerk,
mit dem ich Geist und Seele lenke,
und daß ich es zumeist nicht merk'.

Denn denk, ein Kind im weiten Meer,
das nicht gleich Wind und Wellen rauben,
frage ich dich, bei deiner Ehr,
wie kannst du kurz so etwas glauben?

(20. August 2006)

Geister

Der Himmel ist so wunderschön,
hellblau, mit weißen Flecken,
in seinen Falten haust der Föhn,
kann sich darin verstecken.

Es konnte niemand außer mir
das schwarze Licht zuletzt erkennen,
das sich, geduckt als böses Tier,
stets zeigt, wenn Horizonte brennen.

Der Baum, der seine alten Äste
in diesen blauen Himmel sticht,
der weiß um unerkannte Gäste,
doch wer und wo, das zeigt er nicht.

Die alte Diele uns'res Hauses,
die knarrt heut' nicht, und es bleibt still,
als wüßte sie um etwas Grauses,
das sie nur nicht verraten will.

Die Frau, die mir die Hände reicht,
als wollte sie mich necken,
die konnt' ich, weil sie lautlos schleicht,
am Bettrand erst entdecken.

Und dann mein Blick in ihre Augen,
der hat mich vollends aufgeweckt,
sofort hat's aufgehört zu saugen
und plötzlich hab' ich mich erschreckt.

Mir bleibt da keine Frage mehr
zum nächtlichen Geschehen,
denn leugne ich es noch so sehr,
ich hab' den Geist gesehen.

Nun weiß ich, daß ich Geister dann
ertrage ohne Furcht und Groll,
wenn ich mich dazu bringen kann,
genau zu tun, was ich nicht soll.

(7. Mai 2005)

Besenspan

Es fragt ein Hausgeist einst den Besen:
"Was unterscheidet von den Geistern
das vielgelobte Menschenwesen
und macht sie zu den Herrn und Meistern?"

"Der Mensch, der hat Persönlichkeit,
die steht ihm zu Gesichte
wie einem Baum die Wachstumszeit
mit eigener Geschichte.

Wurzeln, die nach Erde greifen,
und der Stamm, im Wind gebogen,
Blätter, die die Zweige streifen,
Äste, an die Luft gezogen.

Wipfelbau, verteilt und klug,
sehr viel Platz zum Sprießen,
rauher Borkenüberzug,
Harz und Wasser fließen.

Kleine Narben, Kanten, Löcher,
Risse, Falten, weiches Holz,
Unterschiede, noch und nöcher,
oft verletzt, doch fest und stolz.

So seh' ich in der Natur
viele Baumgeschichten,
und die Prägung, Spur für Spur,
um sie aufzurichten.

Auch den Menschen, gleichermaßen,
prägt so vieles mit der Zeit,
fremde Wuchten, fremde Straßen,
bis zu der Besonderheit,
ein Gemüt zu reklamieren
und Verständnis und noch mehr
und als Abschied von den Tieren
eine Seele, bitte sehr.

Eine Seele, die sich windet,
wenn sie vom Dilemma zehrt,
daß sie sich nicht selber findet,
denn Ambivalenz, die gärt.

Wenn also eins das and're frißt
beim Kämpfen und beim Graben,
und das des Menschen Seele ist,
dann möcht' ich sie nicht haben."

(19. Dezember 2006)

Kleines Volk

Im Dämmerlicht,
am Abend noch,
bei schlechter Sicht,
da sah ich doch
im Spiegelbild
der kleinen Pfütze,
die Augen wild,
mit Bart und Mütze
das Männchen steh'n,
und ich weiß auch,
mich hat's geseh'n
im Pfeifenrauch;

nichts hab' ich bekommen,
kein Zeichen, kein Wort,
nur wußt' ich verschwommen,
da war etwas fort.

Im Fernseh'n, da hab' ich
das Unglück geseh'n,
wie's Männchen davonschlich
war gut zu versteh'n.

(2. Mai 2001)

55

Verborgen

Sie kreuzen uns're Wege
und streifen wild umher,
umgehen die Gehege
und menschlichen Verkehr.

Und was sie hinterlassen,
läßt sich nur allzu leicht
in die Gewohnheit fassen,
die bis zum Abend reicht.

Manch einer sah das Huschen
und and're die Kontur,
als würde jemand tuschen
mit klarem Wasser nur.

Sie suchen keinen Handel
und meiden jedes Wort,
durch ihren steten Wandel
sind sie auch dauernd fort.

Die Unnahunsichtbaren
werden sie oft genannt,
grad ahnt man, wo sie waren,
wohin, wird nie bekannt.

Es heißt in der Legende,
da wäre eine Stadt
an uns'rem Weltenende,
die sich verborgen hat.

(10. Oktober 2002)

Schamane

In meinem Traum
auf einer Reise
zum Lebensbaum
im Zauberkreise
komm' ich zum Wipfel
ganz nach oben,
in dessen Gipfel
Götter toben.

Ich treff' das Wissen
und sofort
hat's mich zerrissen,
noch am Ort.

Kein neuer Raum,
kein nächster Schritt
im Lebensbaum
erlaubt dem Tritt,
im wuchtigen Geäst
auch nur ein Jota abzuweichen,
und schenkt am Schluß dem Rest
von mir die Chance davonzuschleichen.

(1. September 1998)

Traumzeit

So hat er keinen Ort im Raum
und kehrt auch nie zurück;
es ist der allererste Traum,
und immer nur davon ein Stück.

(5. September 1998)

Blocksberg

Walpurgis ist kein Kirchenfest,
man sollte sich erinnern.
Wird dann der ganze Mythenrest
die Kopfgeburt von Spinnern?

Doch so, wie es wohl richtig ist,
daß Menschen Mythen brauchen,
blieb auch kein Kirchenglied mehr Christ,
würd' es zum Ursprung tauchen
und sich im seelenlosen Sein
zurechtzufinden suchen,
es würd' mit dieser Tat allein
sich Wirklichkeiten buchen,
die erst den Saum und den Beginn
von Möglichkeiten zeigen,
vor dem sich Gott- und Menschensinn
in Ehrerbietung neigen,
weil die in ihren Lebensräumen
nie frei dafür gewesen waren,
um mit Verstand und ihren Träumen
aus Haus, Kamin und Haut zu fahren.
Weil auch der alte Stubenbesen,
der in der dunklen Ecke stand,
als ihnen zugewandtes Wesen
nie ihre rechte Achtung fand.

Als Menschen, Götter oder Geister
sind wohl die Ängstlichsten gefangen,
verklebt in ihrem Klammerkleister,
nie auf den Blocksberg zu gelangen.

Der Blocksberg, glaubst du, sei ein Ort
oder ein Zeitpunkt im Kalender,
ein Teufels- und Dämonenhort,
der bösen Träume erster Sender?

Mitnichten, kann ich dir versichern,
und hinter vorgehalt'ner Hand
sag' ich mit unverhohl'nem Kichern,
es ist auch nicht das Disneyland.

Dort, wo der Mensch nicht gern verweilt
und sich schnell aus dem Staube macht,
wo selbst die Stunde sich beeilt
und wo es ohne Ende lacht,
wo dich am Boden nichts mehr hält,
die Schwerkraft nicht und kein Gebet,
dort trittst du in die große Welt,
weil es von hier zum Blocksberg geht.

(24. April 2005)

Das rote Tuch

Wie könnte es gewesen sein,
das mit dem roten Tuche?
Machen wir uns mit Streichholzschein
im Dunkel auf die Suche.

Im Dunkel der Geschichte soll,
gestaucht und unsichtbar und platt,
er sich verbergen, jener Troll,
der Rot und Rot erfunden hat.

In einem warmen Traum vielleicht
hat der Troll dem Menschentier
das Feuer aus dem Blitz gereicht,
daß er nicht bei Kälte frier'.

Dann als nächstes Farbe Rot
eingekratzt ins Felsgestein,
denn bei Hunger und bei Not
muß die Jagd erfolgreich sein.

Tierfiguren oder Bilder,
detailliert und ausdrucksvoll,
nüchtern manchmal oder wilder,
Hinterlassenschaft vom Troll.

Früh schon konnten Menschen weben,
trotzig gegen die Natur
mehr in Licht und Wärme leben,
und der Mensch schuf die Kultur.

Mäntel, Banner, schöne Kleider,
Vorhangstoff und Festsaalschmuck,
Siegellack und Tinte leider,
ganze Völker unter Druck.

Signien der Herrschaftshäuser,
Königsrot und Hermelin,
Kirchenfürsten, Nikoläuser,
die am gleichen Tuche zieh'n.

Bis in uns're Spätgeschichte,
als die Menschen sich erhoben,
und wo Massenschnellgerichte
gegen Fürstenhäuser toben.

Und die Jakobinermützen
für sich das Recht reklamieren,
Revolution zu stützen,
bis sie gegen's Volk marschieren.

Endlich, bald nach diesem Scheitern,
weil soziale Wunden doch
unterm Deckel weiter eitern
wie der Schlamm im faulen Loch,

bricht er aus, im alten Osten
von Europa, der Tumult,
und er schleift den schwachen Posten
und zermalmt die alte Schuld.

Rote Tücher, rote Fahnen
überschwemmen Land und Leute,
und wo sie sich Wege bahnen,
fällt die alte Welt zur Beute.

Aber auch das rote Hoffen
hindert nicht die Korruption,
und so ist sie doch ersoffen
an sich, die Revolution.

Lange Jahre sind verstrichen,
viele Farben gab es schon,
rotes Tuch, jetzt ausgeblichen,
wird ein Modeunterton.

Täusch' dich nicht, sag' ich am Ende,
denn des Trolles Wort ist Fluch,
was er gab durch seine Hände,
das ist mehr als rotes Tuch.

In den Kellern und den Räumen
lagert es, was er erschuf,
bis der Mensch in seinen Träumen
ihn vernimmt, den roten Ruf.

(23. Mai 2008)

Engels Hordentod oder Europa

Ach, wie war es doch vordem,
als es keine Staaten gab,
übersichtlich und bequem,
von der Wiege bis zum Grab.

Weil noch jeder jeden kannte
und dich meinte, wenn er mal
dich bei deinem Namen nannte
und nicht irgendeine Wahl.

Er braucht' auch nicht lang zu schwatzen,
auf daß du ihn doch verstehst,
und an Oberflächen kratzen,
damit du am Rade drehst.

Konnt' palavern ohne Worte
und mit vielen, das ging auch,
ohne Mauern, ohne Pforte,
und mit Hand und Fuß und Bauch.

Ohne unten, ohne oben
hat der Alltag funktioniert,
nichts zu tadeln, nichts zu loben,
was passiert ist, ist passiert.

Biblisch war 's, der Turm zu Babel,
der den Plan zu Werke rief,
und der Mensch mit seinem Schnabel
trat hinzu, und es ging schief.

Fürstentümer, Königreiche
reihen sich in die Geschichte,
Stein auf Schutt und Gold auf Leiche
machten sie den Traum zunichte.

Jenen Traum, wo ohne Knoten,
ohne Schrift und ohne Zahl
Mensch und Tier auf ihren Pfoten
Freiheit lebten ohne Wahl.

Doch wenn erst Gesetze thronen
über Mensch, Natur und Land,
wachsen Staaten und Nationen
und der Kopf befiehlt der Hand.

Über leidgeplagte Kriege
schichten sich die großen Mächte
hinter ihre Fahnensiege,
friedliche Kalendernächte.

Um Europa zu erfinden
aus dem Zwiste der Nationen
und Kultur'n zu überwinden,
die den Aufwand nicht mehr lohnen.

Einer Menschenwelt verpflichtet,
die Gemeinschaft nicht mehr kennt,
die, auf Wirtschaftsraub gerichtet,
ihre Beute Bürger nennt.

Im Europa all der Bürger
fehlt dem Menschen jeder Platz,
denn der Superstaat als Würger
braucht das Masthuhn, nicht den Spatz.

(17. April 2008)

Irgendwann

Die Starken haben sich verzogen,
die Schwachen gibt es lang nicht mehr,
und Freunde, bis zuletzt belogen,
setzen sich nicht einmal zur Wehr.

Raketen, Gift und Bomben
verwandeln Stadt und Land
in Kellerkatakomben,
zu Rauch und Dauerbrand.

Kein Vogel unterm Himmelszelt,
kein Wind, der frische Luft zuführt,
und Staub und Ruß auf einer Welt,
die, weil das Leben fehlt, nichts spürt.

Ein paar verwirrte Bienen,
die durch die Lüfte wüten
zwischen den Stadtruinen,
suchen vergeblich Blüten.

Gelegentlich ein Kleiderschrank,
geborsten und zerrissen,
erscheint ohne die Menschen krank,
die ihn zu nutzen wissen.

Drei Flüchtlinge in großer Not,
die haben ihn gefunden,
den Ort, wo 's Frieden gibt und Brot,
bei lebenden Gesunden,

die ihnen, statt zu helfen dann,
jedoch den Zugang sperren,
denn niemand dürfte irgendwann
ins Land der neuen Herren.

Die Herren und die Wissenschaft,
die haben was geschaffen,
den Menschen, göttergleicher Kraft,
und seinen Sklavenaffen.

Die werden, wie doch ewig schon
und nach der Wissenschaften Schluß,
im Plan der Evolution
und was ein Schwächling werden muß,
als Arbeitsvieh gehalten,
wenn auch als Tier der gleichen Art,
weil 's einfach beim Verwalten
noch mehr Verlust und Aufwand spart.

Denn des Sklaven Zuflucht sei
dort, wo er sich selbst versorgt.
Und den Stärkeren macht frei,
was er sich vom Schwachen borgt.

An der Spitze doch dem Herrn
bleibt, weil er belohnen kann,
auch noch solche Mühe fern,
wie 's die Wissenschaft ersann.

Lohn, das wär' der kleine Schmerz
und dem großen vorzuzieh'n,
oft versagt auch hier das Herz,
keine Chance, dem zu entflieh'n.

Als die drei mit sehr viel Glück
sich an einem Feuerplatz
nur mit Not, doch frei, zurück,
bald erholen von der Hatz,
haben sie die Schrift nochmal
Wort für Wort genau gelesen,
und verstanden, ihre Wahl
und warum es falsch gewesen
war, der Karte nachzugeh'n,
wohl vom Regen in die Traufe,
sich dann fast gefangen seh'n
in der Sklavenaffenschlaufe.

Denn die Worte warnen doch
vor der größeren Gefahr,
die dem Schoß des Kriegs entkroch,
als die Öde es je war.

Meidet den zivilen Ort,
auch wenn ihr gern Frieden hättet,
macht euch in die Öde fort,
dann seid ihr fürwahr gerettet.

(4. Oktober 2007)

Der Krah

Ich suchte zu verstehen,
was dieser Vogel sprach,
der sich von allen Krähen
fast seinen Schnabel brach,

um sich damit zu plagen,
mir gegen die Natur
was Wichtiges zu sagen,
aufdringlich, laut und stur.

Ich mußte es wohl ahnen,
wenn Tiere sowas machen,
dann wollen sie uns mahnen,
aufs schnellste zu erwachen,

um doch nicht zu versäumen,
einmal daran zu denken,
daß nicht nur in den Träumen
die Götter alles lenken.

Wohl können wir noch hören,
doch was auch immer spricht,
wir lassen uns nicht stören
und es erreicht uns nicht.

Odin gab sein Augenlicht,
damit dann jede Schranke,
die ihn hindert, fällt und bricht
und frei wurd' der Gedanke.

Auch wußt' er immer, was er war,
und wie er lernte unter Knaben
erinnert er, denkt sonnenklar
und herrscht geschickt mit seinen Raben.

Wenn nun so'n Krähentier versucht,
die Regeln zu durchbrechen,
und krächzend seine Art verflucht,
nur um mit mir zu sprechen,

dann sollte ich doch einmal still
ganz unvoreingenommen hören,
denn das, was es mir sagen will,
das müßt' mich stärken und nicht stören.

Vielleicht langsam faßte ich,
was ich nie begreife,
dieses Krächzen jagte mich
über meine Reife.

Alles endet und beginnt
mit dem ersten Laute,
der auf den Gedanken sinnt,
den er schon verdaute.

Lauscht' ich aber umgekehrt,
find' ich ihre Quelle,
und sie bleibt mir nicht verwehrt,
die Gedankenschnelle.

So acht' ich und verstehe,
was meinem Ohr geschah,
ich hörte keine Krähe,
ich hörte einen Krah.

(26. März 2004)

Krähen

Ich steh' an einem Hange,
die Gegend ist mir fremd
und mir ist seltsam bange,
das Herz schlägt bis ans Hemd.

Die Nähe und die Ferne,
die sind mir nicht vertraut,
nichts habe ich hier gerne,
auch nicht die Gänsehaut.

Der Boden ist beschaffen
wie nur zum Weiterzieh'n,
grad häuslich wohl für Affen,
die vor Gefahren flieh'n.

Ich kann und will nicht bleiben
und finde keine Ruh',
die Furcht beginnt zu treiben,
die Lage spitzt sich zu.

Der Himmel ist zu offen,
der leichte Wind zu kalt,
sie geben nichts zu hoffen,
ich finde keinen Halt,

entdecke jedoch Schuhe,
die meine Füße stützen,
und ihre feste Ruhe
kann ich zum Laufen nützen.

Dann endlich heb' ich wieder
den Kopf und meinen Blick,
und es wirft mich fast nieder,
ganz wie ein übler Trick.

Denn ich versink' im Sande,
vor mir das weite Meer,
auf einem Endlosstrande,
verlassen, menschenleer.

Das hat mich tief gezogen
ins ängstliche Gebet,
nie hab' ich so gelogen,
damit die Drohung geht.

Und dann wollt' es mir scheinen,
der Alptraum ginge fort,
ich müßt' ihn nicht erweinen,
den sichereren Ort.

Ich konnte mich besinnen
und fand' nach Haus zurück,
bin endlich wieder drinnen,
ich glaub', ich hatte Glück.

Da öffne ich zu sehen
die Augen, und der Schreck
verscheucht die schwarzen Krähen,
ich flieg' mit ihnen weg.

(28. November 2003)

Geschichten

Wo sind sie geblieben,
die alten Geschichten,
die, niedergeschrieben,
von Dingen berichten,
die wir fast verloren
und verworfen haben,
auf Bildung geschoren,
den Rest für die Raben.

Zerknüllt, unerlaubt
an fernen Orten
lagern da verstaubt
in Schrift und Worten
die kraftvollen Ahnen
als Erbe und Wissen
auf Büchern und Fahnen
in's Dunkle gerissen,
die vor langen Zeiten
die Herzen erregten,
Gedanken befreiten
und Welten bewegten.

Jetzt abgesunken
zur Information,
bildschirmertrunken,
dem Wissen zum Hohn.

Es fehlen die Brücken
den Menschenkindern,
die Lebenslustlücken
noch zu verhindern.

Es fehlen Geschichten,
von Eltern gesprochen,
von Zwergen und Wichten,
gespürt und gerochen,

geträumt und erlitten,
im Schlafe danach
die Reise im Schlitten
auf dem Himmelsdach.

Vielleicht sind die Kinder
heut' schneller als wir,
und Software-Erfinder
im Großstadtrevier.

Doch glaub' ich kaum,
daß sie ihn je hatten,
den Kindertraum,
den lebenden Schatten.

Sind diese Wege
für immer verschlossen,
ich überlege,
und dann unverdrossen

halt' ich daran fest
und will danach richten,
wir sind nicht der Rest
verlor'ner Geschichten.

Sie kehren zurück,
der Teufel wird's geben,
nicht als Leseglück
wir werden sie leben.

(14. November 2003)

Verstellt

Ich habe mir den Blick verstellt,
nur, weil ich einmal sehen wollte,
am Horizont verlor die Welt
mein Völkchen, das sich trotzig trollte.

Ich habe mir den Platz verstellt
mit Inventar und Räumen,
der Tod hat sich hinzugesellt,
ich hörte auf zu träumen,
und weil ich nicht mehr platzen kann,
da häng' ich an den Fetzen
von Raum und Zeit, bis irgendwann
die letzten Stunden hetzen.

Ich hab' mir Wort und Tat verprellt
und Freundschaft bis zur Treue,
die grundlos ist und deshalb hält,
ganz anders als die neue,
die nimmt und gibt und sich begründet,
die, schwer verdient und leicht verlor'n,
schon bald auch tiefe Feindschaft kündet,
als wäre sie im Nichts gebor'n.

So hab' ich, wenn der Vorhang fällt,
am Ende doch sehr gut verstanden,
daß ich und meine alte Welt
den Blick im Traume schlaflos fanden.

(6. September 2006)

101

Klopfen

Dem Klopfen, das ich hörte
an einer fernen Wand,
das die Gewißheit störte
wie eine fremde Hand,
dem war nicht zu entkommen
mit der Vergeßlichkeit,
denn ich hab' es vernommen,
wie wenn ein Baby schreit.

Es haftet im Gedächtnis
und hört nicht auf zu wühlen
als kurzes Schreckvermächtnis
und Stau in den Gefühlen.

Da war'n die Urlaubstage,
die Pflichten and'rerseits,
den Job und seine Plage
verdränge ich bereits.

Die Umwelt und die Preise,
die Sorge um nachher,
die ewig gleiche Reise,
der dröhnende Verkehr.

Sie hängen wie die Fetzen
an meinem Restverstand,
sie drängen und sie hetzen;
und dann ist da die Wand.

Es sollt' sich nicht mehr steigern,
das Brummen und das Dröhnen,
ich mußte mich verweigern
dem unentwegten Stöhnen.

Im Fazit ein Desaster
mit Konsequenzen auch,
denn mit dem Gummipflaster
bläht wieder Luft den Schlauch.

So frisch und neu und kindlich
die Weigerung mich machte,
wurd' auch der Sinn empfindlich,
und anders als ich dachte.

Ich hörte dieses Klopfen
so fern wie auf dem Dache
die leisen Regentropfen,
im Hause keine Sache.
Wie nebenher die Nachrichten
die Dinge gut sortieren
und zum Zweck der Übersichten
kein Quentchen Zeit verlieren.

Im Rundfunk spricht der Präsident:
"Es ist nicht zu vermeiden,
das Wasser knapp, die Wüste brennt,
wir müssen uns entscheiden."

Das Klopfen auf dem Dache,
als Hintergrund gescholten,
wird so mit Höllenkrache
zu dem, was wir nicht wollten.

(30. Juli 2006)

Unnachgiebig

Er hebt sie immer wieder,
die Füße aus dem Sand
und schiebt die müden Glieder
noch tiefer in das Land.

Er hat es schon vergessen,
wie lange ist es her,
sein letztes kleines Essen,
doch schmerzt der Durst noch mehr.

Er schleppt die Lammfellflasche
wie eine Hoffnung mit,
die sperrt wie eine Tasche
den angestrengten Schritt.

Die Füße stoßen Körner,
die Körner wirbeln Staub
auf bleiches Holz wie Hörner
und Flächenfels wie Laub.

Die Schmerzen melden Ende,
der Aufschlag treibt voran,
und Füße wie die Hände
geben das Notgespann.

Die Stunden oder Tage,
das kann er nicht mehr sagen
in heißer Trockenplage,
allein von ihm getragen,

lassen sich nicht vertreiben;
nur manchmal scheint es doch,
als könnt' er ruh'n und bleiben
am Dattelwasserloch.

Dann stemmt ihn eine Ahnung
auf seinen Beinen weiter,
denn er braucht nicht die Mahnung
vom Ende einer Leiter.

Das gipfelt im Versprechen
von Trunkenheit im Glück
und wird sich sofort rächen,
trennt ihn vom Weg zurück.

Der Weg, der sich als Mühsal
und Schmerz und Not getarnt,
wird Bollwerk gegen die Qual,
vor der kein Zeichen warnt.

Denn hat er sich ergeben,
das lernt er hier für immer,
die Qual in seinem Leben
im Tod danach wird schlimmer.

So will er alle Zeiten
der Welt nur dies bezeugen:
Gebt niemals nach beim Streiten
und niemals laßt euch beugen.

(3. Juli 2006)

Verbindung

War es nicht der Tunnelblick,
der mich zwang, es zu begreifen,
Rückwärtsdenken ist ein Trick,
es läßt das Vergessen reifen.

Wollte ich doch einmal gern
über die Erinnerung,
möglichst tief vom Heute fern,
weit zurück mit einem Sprung
an die Quelle meines Seins
und mit meinen frühen Augen
meine Kindheit eins zu eins
voll aus ihrer Wurzel saugen.

Irgend jemand hat 's vernommen,
denn ganz unvermutet bin
ich im Frühjahr angekommen
und schau zu dem Jungen hin.

Der im Sand mit Händen wühlt,
ohne sich zu unterbrechen,
wohl, weil es die Händchen kühlt
und die Sonnenstrahlen stechen.

Eine weiße Babymütze
schirmt die Augen gegen Licht,
daß sie sie vor Blendung schütze
und bewacht wie das Gesicht.

In den viel zu kleinen Kasten
mit dem Sand leg' ich mich rein,
seine Augen zu ertasten,
denn was sein ist, ist auch mein.

So in meiner Tretmichmühle
wollt' ich mein Vergessen fangen,
und wollt' ganz in die Gefühle
dieses Augenblicks gelangen.

Und der Augenblick war 's dann,
der mich bis ins Mark belehrte,
daß, was wiederholen kann,
auch der Trug ist in der Fährte.

Mag der Kleine sich auch winden
in dem Sand, in dem er wühlt,
was er weiß, wird er nicht finden,
wenn er auch den Durchgang fühlt.

(26. März 2006)

Der Ring

Beweg' dich, eile, forsch' und suche
nach jenem Ring vor uns'rer Zeit,
steht er doch lange in dem Ruche,
daß er zu großer Macht befreit.

Ist es ein Ring wie die Figur,
von Menschengeist und -hand kreiert
als Steinkreisfessel der Natur,
der Ordnung und Vernunft gebiert?

Ist es der Ring, den Götter preisen,
ein Schmiedewerk aus Albenzorn,
der sich verbirgt in Rost und Eisen,
zum Zauber reif wie feuchtes Korn?

Zeigt dieser Ring des Goldes Glanz
oder des Silbers mattes Licht?
Ist er zerbrochen oder ganz
und paßt er, wenn der Finger sticht?

Oder ist er aus Bein und Knochen,
vielleicht gar nur aus Wurzelholz,
und fast verrottet und zerbrochen,
einmal der Menschen Schmuck und Stolz?

Oder ist es jene Kraft,
dich ins Finstere zu zwingen?
Und die 's einzig mit dir schafft,
um dein Seelenheil zu ringen?

Die dich greift wie eine Hand
und dich tief hinunterzieht
über einen grausen Rand,
wo dein schlimmster Feind dich sieht?

Und du findest dich gezwungen
und entdeckst die Wahrheit erst:
Du hast immer schon gerungen
wie du es grad jetzt erfährst.

Freund von Feind wirst du erstreiten,
und dich trügt nicht mehr der Schein,
keine Flucht kann dich verleiten,
denn du bist nicht mehr allein.

Und so fest und klar wie nie
und für alle Zeit verbunden
sagt dein Herz dir: Bitte sieh',
du hast jenen Ring gefunden.

(2. April 2006)

Das Knochenspiel

An einem finst'ren Orte,
da hast du es gelernt,
wie man mit einem Worte
den Rest der Welt entfernt,
um dann aus nächster Nähe
zu geben und zu nehmen,
wozu, wie ich es sehe,
die Stärksten nicht mal kämen.

Gleich dann aus freier Regung
zu prüfen, ob es stimmt,
ob nur eine Bewegung
dir alles wieder nimmt.

Damit du auch ganz sicher bist,
setzt du dir so das Ziel,
daß keiner deinen Knochen frißt,
und gibst ihn frei zum Spiel,
nur um zu sehen, ob es kracht,
wenn 's irgend jemand doch versucht
und dir den Knochen streitig macht
mit seiner ganzen Angriffswucht.

Ging 's dir dann wie den Tieren,
die übermütig sind,
wirst du vielleicht verlieren
und schmollen wie ein Kind.

Doch es könnt' auch geschehen,
daß keiner ihn berührt,
selbst wenn ihn alle sehen
und er zum Raub verführt.

Dann sicher, muß ich sagen,
bist du im Streite vorn
und nimmst, ohne zu zagen,
den Rest der Welt aufs Horn.

Du herrschst auf allen Seiten,
hast deine Furcht gebrochen,
du mußt um nichts mehr streiten,
schon gar nicht um den Knochen.

(9. Juli 2005)

Ur-Sprung

Schon die alten Schriften mahnen:
Kehre um, besinne dich,
finde heim zu deinen Ahnen,
laß' dich selber nicht im Stich.

Geh' zurück an deine Wurzeln,
spüre deinem Ursprung nach,
denn dein Halt begann zu purzeln,
als dir die Verbindung brach.

Wechsel dich nicht ein mit Blättern,
fortgerissen von dem Baum,
ausgeliefert allen Wettern,
und am Leben nur im Traum.

Hier und dort sich zu verteilen
und die grüne Kraft verlieren,
auf den Böden noch verweilen,
Erdreich neu zu kompostieren.

Sieh', daß du im Schicksalskreise
immer in der Kette bleibst
und nicht abfällst und als Speise
fremden Halt nach oben treibst.

Du begreifst, der erste Grund,
an den Stamm zurückzukehren,
ist, der Gier vom großen Schlund
sich erfolgreich zu erwehren.

Nun, es regt sich Widerspruch,
denn des Menschen Weg ist frei,
wo ist also da der Bruch,
wo die Henne, wo das Ei?

Wurzeln kannst du lange suchen,
du wirst sie nicht finden,
und auf Wind und Wetter fluchen,
hilft nicht überwinden.

Weder bist du eine Pflanze,
noch ein totes Felsgestein,
komm, beweg' dich, spring' und tanze,
finde dich in Freiheit ein.

Und vergiß das Haltversprechen,
weil das Bild vom Ursprung lügt
und verschweigt, daß Wurzeln brechen
und der erste Eindruck trügt.

Jedes Ding und jedes Wesen
kennt wie du doch nur den Schwung,
kannst den Anfang überlesen,
Ur bleibt Ur und Sprung ist Sprung.

(15. Januar 2005)

Sternenrest

Zuvor gab es den großen Knall
und niemand da, der ihn je hörte,
heut' lauscht man seinem Widerhall,
erforscht und sucht, was er zerstörte.

Und findet, was man Schöpfung nennt,
und lobt und feiert sie als Wunder,
dabei, wer ihren Anfang kennt,
weiß doch, es ist der Rest vom Plunder,
der niederfällt, ins Ferne tobt,
der sich verclustert und verkrallt,
am Rande auseinanderstobt
und zentrisch die Verluste ballt.

Die Grenzen seiner Urgewalt,
sie fesseln bald auf balde
das All, den Hall zum letzten Halt
auf seiner Abraumhalde.

Wenn nun des Menschen stolzer Blick
die Sterne zählt und observiert,
ernährt er doch das Mißgeschick,
das sich an Zeit und Raum verliert.

(29. April 2007)

Der Gruß

Es grüßt der Mensch die Seinen
von Ferne und direkt,
im Großen wie im Kleinen,
und hält sich doch bedeckt.

Er zeigt jenen die Seite,
die ihn am besten birgt,
versteckt die Axt zum Streite,
damit er friedlich wirkt.

Er möchte keinen stören,
und doch treibt es ihn an,
der and're, der soll hören,
was er nur hören kann.

Als goldene Fassade
mit honigsüßem Klang
erzeugt die Grußscharade
erst den sozialen Zwang,
dem niemand sich entziehe,
der keine Feindschaft will,
und ehe jemand fliehe,
ist er doch lieber still.

Dem schauerlichen Greinen,
dem ist der Gruß verwandt,
den Menschen schmerzt das Weinen,
drum wird es ihm gesandt,

und will er dieses wenden,
bevor es eskaliert,
muß er sich ganz verpfänden,
bis er sich dann verliert.

In vielen kleinen Schritten,
verheißungsvoll getarnt
und mit versteckten Bitten
wird er durch nichts gewarnt.

Denn ist der Gruß entboten,
legt sich die Fessel an,
und nichts kann sie entknoten,
nichts löst des Grußes Bann.

So will ich grußlos ehren,
ich meine einen jeden,
dann muß sich niemand wehren,
und es gibt keine Schäden.

(25. März 2005)

Zukunftsfrei

Kurz gezögert, nachgedacht,
hat zu lang gedauert,
Einbahnstraße, Endlosschacht,
rundum eingemauert.

Immer die Vergangenheit
nimmt das Herz gefangen,
und die ganze Seele schreit,
Geist und Körper bangen.

Hält das Auge, wie gewohnt,
nur die Aussichten im Blick,
weil sich Ziel und Ordnung lohnt,
wird das Warten zum Geschick.

Warten auf das nächste Mal,
hoffen aufs Ergebnis,
zwischen links und rechts die Wahl,
ausgesteuertes Erlebnis.

Denn was kommt, das hält nicht an,
und was war, ist nicht geblieben,
wo kein Mensch sich finden kann,
von Natur und Welt getrieben.

Zukunft als ein Teil der Zeit
hat doch keinen andren Ort,
kommt aus der Vergangenheit
und setzt diese weiter fort.

Stört Vergangenheit beim Werden,
gebt der Zukunft keine Chance
und entfesselt Streit auf Erden,
nehmt der Ordnung die Balance!

(12. März 1999)

What a Wonderful World

In dieser wunderschönen Welt
gibt 's vieles zu bestaunen,
doch manche Aussicht, die nicht hält
als Gärungsquelle übler Launen,
verpestet offenbar die Luft,
von der die guten Seelen leben
und deren unverfälschter Duft
das Schöne stützt in seinem Streben
nach oben aufrecht himmelwärts
und auf den Wettstreit ausgerichtet
zur Sonne wächst 's, zur Hölle fährt 's,
was sich dann zum Erfolg hin lichtet.
So, mit der Not und dem Verfall,
ist auch das Üble ausgemacht,
es zu verwerfen überall,
damit das Universum lacht,
wär' wohl die allerhöchste Tugend
und größter Überlebensschatz
als Erbgut der gesunden Jugend,
denn nur das Schöne braucht den Platz.

Und blickst du arglos um dich her,
um deinen Kurs zu wählen,
fällt's deiner Frohnatur nicht schwer,
auf Sieger und Erfolg zu zählen.

Nun alles, was Natur dir zeigt,
dem Angesichte noch erträglich,
das ist der Sieg, das Scheitern schweigt,
denn keine Lebenslust ist kläglich.

(31. Mai 2000)

Grün

Grün war'n alle ihre Kleider,
wie die Frühlingswiesen blüh'n,
doch verfilzt indessen leider
sind sie nur noch lodengrün.

Castor, Wendland, Polizei,
grüner geht es wirklich nicht,
der Atomstaat schlägt sich frei,
und das Bündnis zeigt Gesicht.

Die den USA sich fügen,
ihren Weltvorherrschaftskriegen,
und mit Menschheitsrettungslügen
Wirklichkeit und Recht verbiegen.

Die die Außenpolitik,
und das nicht auf eig'ne Kosten
und nicht nur mit Fischers Blick,
auf die Zukunft ihrer Posten,

angetreten im Verein,
mit den westlichen Legionen
gegen selbstbestimmtes Nein
vieler Völker und Regionen

ihren Eigennutz und Rat
aufzuzwingen denken
um aus grünem Kopfsalat
Besserung zu schenken.

Welchem Tier am meisten gleichen
diese Bürgertäuscher schon,
die die eig'ne Art beschleichen,
mehr als dem Chamäleon.

(22. November 2001)

Schon vergessen ...

Ein kleines Stück vom großen Kuchen,
der doch zu klein ist für die Welt,
das satte Süß kurz zu versuchen,
das, viel versprechend, doch nichts hält.

So mögen Träume in den Nächten
der ärmsten Menschen Tröster sein,
sie fester an die Nöte flechten
und schwach zu halten und allein.

Wenn werbewirksam in den Bildern
das parfümierte Lachen siegt
von den Kulturen, die nur wildern,
was ihrem Raub zu Füßen liegt,
da mag sich wohl bis in die Schatten
dem Ärmsten nur zu Spott und Hohn
der Wohlgeruch der Übersatten
aufzwingen woll'n als Illusion.

Denn die, die noch im Hunger weilen,
begreifen, was doch richtig ist,
daß sie es sind, die wirklich teilen
mit dem, der doch alleine frißt.

Sind nicht zum Beispiel Menschenrechte,
gestützt auf Freiheit und auf Frieden,
dann doch für Mägde und für Knechte
in ihrer Konsequenz verschieden?

Jener Unterschied verrät
nicht nur einfach Menschenrecht,
sondern dieses Unwort steht
nicht für gut, jedoch für schlecht.

Und die Wertgemeinsamkeit,
die sich gern beschwören läßt,
schreibt die Armut doch weltweit
erst für viele Menschen fest.

Wurd' nicht schon genug gelitten
und gehungert ohne Grund
und der letzte Stolz durch Bitten
aufgebraucht in unser'm Mund?

Stolz und Zorn nur nicht verschütten
und nicht still die Ängste mästen,
Frieden schaffen in den Hütten
und den Krieg zu den Palästen.

(2. Februar 2005)

Geschwister

Dort, wo du den Fuß bewegst,
werde auch ich starten,
und wo du dich niederlegst,
werd' ich bei dir warten.

Keiner, niemand, nichts, sag' ich,
kann uns beide trennen,
denn zu tief und innerlich
lernten wir uns kennen.

War es nicht schon zu Beginn
einfach so wie früher immer,
alles trieb uns zu uns hin,
nur ein jedes Mal noch schlimmer.

Du weißt es doch ebenso,
frei und ungetrieben
sind wir aneinander froh,
wie wenn wir uns lieben.

Nun reicht Liebe nicht so weit,
wie wir uns entsprechen,
einer immer, doch zu zweit,
und durch nichts zu brechen.

Ist es schlimm, du bist mein Bruder
vom Familienstande her,
und man sagt, ich sei ein Luder,
weil ich fühle, es ist mehr.

Deine Schwester soll ich bleiben,
und doch bin ich deine Frau,
und was wir im Dunkel treiben,
kennt ein Liebespaar genau.

Niemand müßte sich dran stören,
wenn die Kinder da nicht wären,
und sich fortgesetzt empören,
weil wir weitere gebären.

So zerschlägt man unser'n Knoten
mit Gesetzeskraft und Recht,
denn der Inzest ist verboten
und sein Nachwuchs krank und schlecht.

Nicht nur unser Wunsch, zu leben
als Familie ungetrennt,
bleibt als Sünde unvergeben,
weil kaum jemand sowas kennt.

Nein, sogar den sich'ren Hafen
einer Wohnung, die wir teilen,
mit Verboten abzustrafen,
nur um uns davon zu heilen,
daß wir leugnen in der Ferne
uns'rer weit'ren Lebenszeit,
daß wir doch entschieden gerne
lebten ungetrennt zu zweit.

Uns genau daran zu hindern,
eure Welt gar zu verderben,
wenn wir leben mit den Kindern,
will, daß alle daran sterben,
die, aus welchem Zufall immer
stärker werden und, umgeben
von dem neuen Morgenschimmer,
nicht für sich alleine leben.

(21. August 2004)

Wunschgedichte

Leise

Leise tret' ich aus der Quelle
in den Mahlstrom uns'rer Zeit,
eine Reise auf die Schnelle
zu dem Schmerz, der nach mir schreit.

Sehe haltlose Versprechen,
die die toten Wuchten binden
und Gestalten lautlos brechen,
wenn sie dann die Wahrheit finden.

Spüre Narben, frische Wunden
und die Furcht, die Körper hetzt,
denn entdeckt oder gefunden
werden sie nicht nur verletzt.

Schlimmeres ist zu erwarten
in der engen Wirklichkeit,
Peinlichkeiten vieler Arten,
und die Not der Körper schreit.

Von dem Fuß bis zum Gedärm,
von den Haaren bis zur Brust
schafft mithin der große Lärm
Wechselstoff und Dauerfrust,
der sich anpaßt irgendwann
dem, was sonst von außen drängt,
so daß Überleben dann
nur am Band des Zufalls hängt.

Überleben, immerhin,
hat in diesem Höllenkreis
fast genau denselben Sinn
wie beim Mittagsmahl der Reis,

denn ein ganz klein wenig weiter
bringt er in dem Zwangsgefüge
einem Flüchtenden die Leiter,
und der Seele tut 's Genüge.

Ich erinnere mich stark,
nur nicht mehr genau noch, wo,
war 's der Weg in einem Park
oder war 's ein Feld mit Stroh?
War 's auf einem Rathausplatz
oder in der Bahnstation?
Half mir dort ein kleiner Spatz
oder nur der Himmelston?

Es ging über den Verstand,
grad im Stampfen dieser Welt,
als ich dann den Jungen fand,
der aus jedem Rahmen fällt,
weil er lebt in tiefer Stille,
auch wenn vieles ihn bedroht,
drängt und eifert nicht sein Wille
und gerät in keine Not.

Meine Hand, die sucht die seine,
um uns tobt das Höllengrab,
und wir sind nicht mehr alleine.
Leise tret' ich mit ihm ab.

(8. April 2005)

Rotkäppchen

Es war der Wolf, das wilde Tier,
das jenes Menschenkind noch warnte
vor der Familie List und Gier,
die sich zivil und kleidsam tarnte.

"Bleib' bei den Blumen und den Bäumen
und bleib' dem Haus der Oma fern,
verbring' die Zeit mit Spiel und träumen,
dabei begleite ich dich gern."

"Ich würd' am liebsten mit dir laufen,
doch meine Großmama ist krank,
sie kann sich selber doch nichts kaufen,
deshalb bring' ich ihr Speis' und Trank."

Der Wolf konnt' es ihr nicht erklären,
nur seine Haare sträubten sich,
den freien Weg mußt' er gewähren
und dabei ging's ihm jämmerlich.

Er kannte nur das Hörensagen
aus Flüsterwind und Bäumerauschen,
die hatten es ihm zugetragen,
nur Wölfe können es erlauschen.

Und um das Haus die alten Fährten
haben es förmlich aufgedrängt,
wie oft sich kleine Wesen wehrten
und wie vergeblich und verschenkt.

Er senkt die Rute vor dem Fluch
und trollt sich aus des Kindes Spur,
er hindert nicht mehr den Besuch,
es bleiben Flucht und Schatten nur.

Lange, lange Zeit danach,
als sie längst erwachsen war,
wurde ihr Gedächtnis wach
und enthüllt' die Stunde klar.

Als sie in das Haus eintrat
und das fremde Wesen fragte,
das wie ihre Oma tat,
sie beruhigte und ihr sagte:

"Der große Mund, die großen Augen,
die dienen nur dem einen Zweck,
sich heftig an dir festzusaugen
und kosten von dem Kinderspeck."

Nichts hatte sie davon verstanden,
es hat nur furchtbar weh getan,
die ganze Kindheit kam abhanden,
es tötete den Lebensplan.

Sie mußte allen dann erzählen,
ein Jägersmann war dort zu Gast,
dem Wolf und Fuchs das Fell zu stehlen,
er hielt im Haus die kurze Rast.

Der hat den Wolf dann auch erschossen
für all das Böse, das geschah,
und lautlos ist das Blut geflossen,
ertränkend, was das Auge sah.

Doch weil das Ganze nicht gefällt,
wird es verdaut in kleinen Häppchen,
und abgewandt von Mensch und Welt
trug sie fortan ihr rotes Käppchen.

(20. Februar 2001)

Der Feenberg

's bleibt ein kalter Hauch zurück,
wenn die Wirklichkeit zerschellt
und zurückkehrt, Stück für Stück,
wie es der Vernunft gefällt.

Wie hätte ich es wissen sollen,
daß ein Mensch in tiefer Trauer
der freien Wildbahn und den Trollen
ganz gewiß erliegt auf Dauer.

Man sagt auch hierzulande Feen,
als die Herrscher wilder Reiche
in tiefen Wäldern, Berg und Seen
lauern auf für böse Streiche.

Ich mein', nach dem, was ich jetzt weiß,
bleibt doch die Wahrheit unverstanden
und unbegriffen auch der Preis;
in Anbetracht, was Nachbarn fanden,
das mindestens erkennen läßt,
nach Wochen der Verlorenheit,
als jenes Häuflein Menschenrest
die Übrigbleibsel langer Zeit.

Wie sollte irgendwer begreifen,
was ich erlitt auf jener Reise,
als ich begann umherzustreifen
und störte sie, die alten Kreise.

Als Ausflug war es nur gedacht,
und es stand nicht auf dem Programm,
lang fortzubleiben in der Nacht,
die Jahreszeit war feucht und klamm.

Nach Tagen wuchsen erst die Sorgen
bei meinen Nachbarn und Bekannten;
mir aber blieb der Schmerz verborgen,
weil, was die Feen ihr Leben nannten,
das kennt der Mensch nur aus den Mythen
als Feenball und Fest der Trolle,
wenn sie nicht g'rad am Menschen wüten,
ihn zu entzwei'n von seiner Scholle.

Das Gegenteil hab' ich entdeckt,
nachdem ich erst gerettet war,
zum Freisein hat mich voll erweckt
der Tanz in einer Feenschar.

Doch dem menschlichen Verstand
schein'n die Feen bös' und häßlich,
ihm gilt nur der Tellerrand
und was drin liegt als verläßlich.

Mächtig, aber plump wär'n Wesen,
die nicht Burg noch Haus bewohnen
oder nur in Kräutern lesen
und nicht Bücher, die sich lohnen.

Eh'r verschlagen und nicht ehrlich,
urteilt so der Menschengeist,
seien Troll und Fee gefährlich,
ohne Gottesfurcht und dreist.

Ich dagegen halt 's für Neid,
wenn der Nachbar Trost gewährt
gegen jenes üble Leid,
als der Feenfluch erklärt.

Jedes Menschenherz wär' dann
depressiv und hochverwirrt,
so daß es nicht einseh'n kann,
wie es leidet und sich irrt.

Geist und Körper aufzurichten
und die Seele balsamieren,
sie der Wirklichkeit verpflichten
und nicht an den Tod verlieren,
man wird mir zu helfen wissen,
hört' ich auf, es zu verweigern,
einmal aus dem Bann gerissen,
mich nicht wieder reinzusteigern.

Wie könnt' ich denn da erklären,
daß das Elend nur beginnt,
mich schlußendlich aufzuzehren,
weil ich nicht nach Hause find'.

(26. Januar 2001)

Alter Zorn

Wage es, dich zu erheben
aus dem Dunkel deiner Nacht,
nicht einmal das größte Beben
löst, was dich so hilflos macht.

Frauenbart und Katzenlärm,
Felsenwurzel, Bärensehnen,
Atem aus dem Fischgedärm,
Vogelspeichels Schnabelgähnen

sind die Glieder einer Kette,
die dereinst den Fenris band,
der sie gern zerrissen hätte,
doch bekam er nur die Hand
jenes Freundes und Verräters,
der auch als verschlagen galt,
und das Fesselband des Täters
wurde mit dem Fenris alt.

Unter Menschen war es dann
eher üblicher als selten,
daß oft der Verrat gewann
bei dem Streit um Ruhm und Welten.

Und so setzt sich hier wie dort
Hinterhalt und Lauersinn
als soziales Erbteil fort,
gut belohnt mit Zugewinn.

Freundschaft und Versprechen,
Ehrlichkeit, Gewissensmut,
Bündnisse, die brechen,
Sympathie und Liebesglut,

das sind die modernen Worte
für das böse Schwarzalbband,
ausgespien durch Asgards Pforte,
damit es die Menschheit fand.

Denn doch nur aus freien Stücken
kann ein Schwur verläßlich sein
und den Abgrund überbrücken,
der aus Lug und Trug und Schein
bis an den vertrauten Rand
immer noch das Pfand beschützt,
nämlich jenes Gottes Hand,
die nur den Verrätern nützt.

Wagst du also, frei und wild
mit dem Urverrat zu ringen,
dann zerschlag den Spiegelschild,
um den Irrtum zu bezwingen.

(17. März 2003)

Der Hauch

Es geht ein Windhauch durch die Lüfte,
den gibt es schon seit Anbeginn,
er ist der Vater aller Düfte,
und er regiert das Her und Hin.

Auf der Erde viele Haufen
hinterläßt die Kraftkultur,
über die sich Pflanzen raufen
mit der Mutter der Natur,
denn ihre Kraft ist sanft ergiebig,
sie verschwendet nicht ein Korn
und sie verschenkt und nimmt beliebig,
Menschen fürchten ihren Zorn.

Wasser gleiten, flüchten, weilen,
teilen sich in kleine Tropfen,
wenn sie uns're Welt durcheilen
und den Wolkenhimmel stopfen.
Doch auf allen seinen Wegen
regt sich Wasser, wie du weißt,
in den Meeren wie im Regen
als ein ungebremster Geist.

Alles steht so dicht zusammen,
daß es auch entzündbar ist
und als Feuer oder Flammen
leicht den Unterschied vergißt,

einer Ordnung, die nur haftet,
wenn sie durch Geschick und Glück
Hitze knebelt und verkraftet
und beherrscht zum kleinen Stück.

Das sind wichtige Momente
uns'res Lebens, uns'rer Welt
und als Urzeitelemente,
was uns doch zusammenhält.
Eines davon würd' genügen,
wär' es fort und das nicht lang',
uns're Wirklichkeit zu trügen
fehlte doch dem Halt der Strang.

Jener Windhauch nun, ich meine,
der die Schmetterlinge schickt,
der den Frühling macht alleine,
ist verschwunden wie erstickt.

(28. August 2004)

Der Bund

Binde mir die Augen zu,
so daß ich es sehen werde,
was den Berg in seiner Ruh'
und im Bund hält mit der Erde.

Lasse mich die Ohren schließen,
daß ich mich dem Flüstern näh're,
wenn im Berg die Wasser fließen,
weil ich erst dann offen wäre.

Und verstopfe meinen Mund,
daß ich nicht den Fehler mache
und aus allertiefstem Grund
laut bin, weil ich nur noch lache.

Nun zum allerletzten Schluß
nehme mir das Hautgefühl,
daß ich stillesitzen muß,
wenn ich in der Erde wühl',
und mich in die Runde setze,
die der Menschensinn verkennt,
sie mit falschem Gruß verletze
als Natur, wie man sie nennt.

(16. Juli 2005)

Hüte dich

"Ach, Ammenmärchen sind das nur",
sag' ich zu meinem kleinen Sohn,
"der Mensch beherrscht jetzt die Natur,
und der Verstand sitzt auf dem Thron.

Es gibt sie nicht, die Blutgesellen,
die heiß nach unser'm Safte dürsten,
auch Monster nicht in ihren Fellen,
die sich die Werwolfsmähnen bürsten.

Und der böse Friedhofsghoul,
der sich von Leichenfleisch ernährt,
sitzt nicht auf dem Ahnenstuhl,
selbst wenn ihm schmeckt, was sich nicht wehrt.

Butterhexen, kannst du glauben,
sind so wenig Wirklichkeit
wie verfluchte Eulentauben,
wenn 's auch nachts im Walde schreit.

Zwerge, Gnome und dergleichen
kannst du alle schnell vergessen
oder grause Geisterleichen,
die mit Vorzug Kinder fressen."

Und die Abendsonne schwindet,
doch ist es noch hell, zum Glück,
daß man leicht nach Hause findet;
nur mein Kind will nicht zurück.

Hockt sich auf den Boden nieder,
und ich sage zu dem Wicht:
"Du, ich geh' und komm' nicht wieder",
doch der Junge rührt sich nicht.

Und er lacht, derweil er spricht:
"Sie sind hier, sie warten nur",
und ich schau' ihm ins Gesicht,
da seh' ich die erste Spur.

(14. April 2006)

Die Einwilligung

"Ach, weißt du noch, vor Wochen",
spricht der Patient es aus,
"gefeiert und gebrochen
und dann ins Krankenhaus."

So haucht er seine Worte.
Und die Erinnerung
an diesem fremden Orte
ist wie ein Rettungssprung,
ein Sprung wie aus dem Fenster,
der ihrer Hilfe flieht,
weil er sie als Gespenster
mit böser Absicht sieht.

"Ach, bitte, liebe Schwester,
ach, Doktor, hör'n Sie doch,
mein Herz, es schlägt schon fester,
nur ein paar Stunden noch.

Und wird es wieder schlimmer,
dann möcht' ich folgsam sein,
wird 's noch mal schlecht wie immer,
so willige ich ein.

Doch jetzt, zu dieser Stunde,
da geht es mir so gut,
und selbst der Schmerz der Wunde
gibt mir noch Kraft und Mut."

Nun flüstert er so leise,
daß niemand hören muß,
wie er sie liebt, die Reise,
und fürchtet ihren Schluß.

Noch einmal dringt sein Flehen
zu seinem eig'nen Geist,
und keiner kann es sehen,
bis daß der Faden reißt.

"Ach liebste Frau, ach lieber Sohn,
laßt euch doch noch mal auf mich ein,
den kalten Schnitt, ich spür' ihn schon;
ich will auch immer artig sein."

(18. Juni 2006)

Teufelchen

Es ward ein Teufelchen gebor'n,
das war schon groß, bevor es wuchs,
trug Haare in und auf den Ohr'n,
die Augen schenkte ihm der Luchs.

Es aß nur ungereifte Früchte
und hatt' die Kindheit zugebracht
als Quelle übelster Gerüchte,
in Schatten, Nebeldunst und Nacht.

Man hatt' es stetig flüstern hören,
daß niemand irgendetwas muß
und daß die Uhr'n den Zeitlauf stören
und hetzen bis zum Überdruß.

Daß Menschen hohl und trübe gaffen,
wenn sie erstmal erfolgreich sind
und seelisch, geistig voll erschlaffen
und es verlier'n, das Menschenkind.

Und daß der Unterschied der Träume
zur vielbeschwor'nen Wirklichkeit
die unentschlüsselbaren Räume
nur schützt, bis daß die Wildnis schreit.

Und niemand, der noch atmen kann,
der muß sich irgendwas verdienen,
weil es kein'n Dienst gibt, nirgendwann,
und den erfund'nen Staat der Bienen.

Soldaten, Arbeiter und Bürger
sind Namen für das Ungeheuer,
das sich ernährt als Seelenwürger
im selbstgewählten Strafgemäuer.

Du sollst, du mußt, verboten ist,
das hat es stets bestritten
und jeden Anstand angepißt,
vor Recht und Brauch und Sitten.

Es ward' ein Teufelchen gebor'n,
und, darauf kannst du wetten,
es hat bestimmt der Welt geschwor'n,
sie keinesfalls zu retten.

(22. Juli 2006)

Über den Autor

Helmut Barthel, geboren 1951 in Hamburg, schreibt seit seinem achten Lebensjahr. Sein beeindruckendes Werk umfaßt heute weitmehr als 1000 Gedichte und zwei Serien von über 100 Kurzerzählungen über bedeutende Religionsstifter und Philosophen von der Antike bis in die Gegenwart. 2015 erschien der erste Teil seines Romans "Zauber kalt", dem zwei weitere folgen sollen. Die beiden Bände "Dichterstube, Kehricht Band 1 und 2" enthalten alle weiteren Gedichte verschiedenster Formate und Aphorismen, die in den fünf Büchern "Lyrik-Lesung" noch nicht veröffentlicht wurden. Verbliebenes vom Feinsten!

Helmut Barthel arbeitet als Verleger und Chefredakteur des Schattenblick und ist Verfasser nachhaltiger Fachartikel in den Bereichen Politik, Kultur, Philosophie und Sport. Seine Leidenschaft gilt der deutschen Sprache, besonders in verdichteter Gestalt.

Lyrik-Lesungen
Dichterstuben

Eine Auswahl
von Helmut Barthel

im Kulturcafé Komm du

Lyrik-Lesung 1
vom 29. Mai 2013
ISBN 978-3-925718-29-8

Lyrik-Lesung 2
vom 7. August 2013
ISBN 978-3-925718-30-4

Lyrik-Lesung 3
vom 30. Oktober 2013
ISBN 978-3-925718-31-1

Lyrik-Lesung 4
vom 4. Dezember 2013
ISBN 978-3-925718-32-8

Lyrik-Lesung 5
vom 12. Februar 2014
ISBN 978-3-925718-33-5

Dichterstube

Kehricht
Band 1 und 2
von Helmut Barthel

Kehricht und Fegen,
zum Entsorgen frei.
Doch halt! Von wegen!
Noch ist was dabei.

Es mahnt mich an Reste
und mein langer Blick
eröffnet das Beste
vom Dichtergeschick.

(H.B.)

Band 1: ISBN 978-3-925718-26-7
Band 2: ISBN 978-3-925718-27-4